JN023963

日本が生き残るには

百瀬　豊《著》Momose Yutaka
（元・百瀬機械設計代表取締役）

亀井淳史《監修》Kamei Atsushi
（元・テクノバ取締役社長）

風詠社

目　次

はじめに

　SDGsという流行語がある。地球温暖化のGOALがあり、そのために脱炭素化が叫ばれているが、脱炭素化が本当に地球温暖化を防ぐのか？　それで産業構造をがらりと変えて、日本国民は幸せになるのか？

　私は正しい方向を皆さんに理解して欲しいために世界の産業動向や中国を主体に世界の国々の経済がどう変化するのかをカオス理論を用いて予測した。

　また、地球温暖化や異常気象の真の原因を特定し、今後、世界の危機に対し、日本はどう進むべきかを提唱したい。

1章　日本の産業動向

　世界の産業革命はイギリスで蒸気機関車が出現し、産業が大きく進展した頃を示すが、私の経験から日本の産業の発展は大きく次の3段階で進展してきたと考える。

◇第一次産業革命は工業生産時代

　日本が家内手工業から工業生産に移行したのは昭和初期1925年頃からである。

　造船が日本産業の主流となった戦前、日本は戦艦武蔵や大和、空母加賀、赤木、潜水艦などを三菱重工（長崎造船）、三井造船、IHI（呉造船）、日立造船、川崎重工……で製造していた。飛行機は戦闘用に開発が進み、ゼロ戦、紫電戒、隼等が三菱重工、中島飛行機で生産された。殆どは軍需産業が主導で産業が発展した。

　太平洋戦争が1941年勃発。そして1945年終戦。戦後、産業の進展は一時頓挫するが、復興のための建設ラッシュが起こり、土木・建設機械が出回る。1960年には造船やミシンや家電等の平和産業が隆盛を極め、この頃から日本の高度成長期に入る。

　そして、原動機は蒸気機関から蒸気タービン、内燃機関（ガソリンエンジン、ジーゼルエンジン）、ガスタービンへと

エンジン技術が進化する。製造のためのNC旋盤、トランスファーマシンなどが登場。それに伴い新幹線が走り、火力発電、飛行機、車産業が芽生え、進展し、高度成長期の絶頂期を迎える。この頃、日本はエコノミックアニマルと言われ欧米から嫌われる存在であった。

◇第二次産業革命はコンピュータが出現した情報＆自動化時代

CAD（コンピュータ支援設計ソフト）が出現したのが、1980年頃である。設計計算も計算尺や手動計算機で行っていた。時間がかかる。その後、電卓、大型コンピュータ、パソコンが出現するのが、やはり1980年。

国内の大型コンピュータは富士通ファナック、NEC、日立等で開発が進んだ。その後、半導体、CPUの積層化、小型化の結果、パーソナルコンピュータが富士通、NEC、ソニー、東芝、松下、シャープで開発生産され出し、同時にソフト開発が進む。PLC等の制御機器の発達で生産ラインの自動化とロボット化が進み、設計と生産が同じデータで行えるCADCAMへと進んだ。Designも強度計算も簡単に行える構造解析ソフトが発達した。この恩恵に与ったのは自動車産業である。安定した量産が行える。高品質を維持し、不良率を下げ、低コストが実現できたのである。正にモータリゼーションの到来である。

1990年代に液晶のディスプレー、モニター、液晶テレビが普及し、解像度が上がり、４Kが一般的となり、最近

は有機ELが主流となりつつある。1992年バブルが崩壊後、1996年に携帯電話が登場し、2006年にはスマホが登場する。

　また、マシニングセンターなどの自動工作機械、トンネルや高所作業などの建設機械、トラクターやコンバインなどの農業機械、ジェット旅客機などの航空機産業、原子力発電も飛躍的に発展した。が、2009年にリーマンショックで経済は落ち込み、更に2011年に起こった東日本大震災で津波の被害で原発が停止し、経済大国日本もGDP 2位から転落することとなった。

　日本は地道にこれまでに築いた基盤産業を継続・改良することが大事である。特に自動車産業で培われたハイブリッド・PHEV技術と生産技術は世界一であり、これを今後、維持改良することが、日本国の最も大事なことである。

◇第三次産業革命はデジタル市場＆物流時代（2018年〜）

　インターネットとスマホ5Gをベースとしたデジタル市場時代と言える。GAFA（google、apple、facebook、amazonというIT産業）で市場を独占。日本企業は大きく遅れた。日本ではソフトバンク、yahoo、楽天などがあるが、皆ローカルである。

　これに伴い中国先導のグローバルな物流時代に入った。世界中の物の入手が可能。音楽や映像などはCDやUSBという媒体から直接個人のPCやスマホに配信されるようになった。スマホ決済、電子マネーでの取引などで決済も楽になっ

た。

　グローバルネットワークでのオンラインゲームやアニメ、イベント、エンターテインメントが盛んになり、娯楽産業の形態が一転する。

　IT 産業の基盤をなす半導体は、台湾の TSMC、韓国のサムスン電子、アメリカのインテル社で独占されている。日本は技術的にも差があり過ぎるし、今の日本人の頭脳では追いつかない。あきらめるのも戦術である。

　AI 時代に入り、TSMC やサムスン電子と競争しても技術面と資金面で追いつけない。

　というよりも、半導体の設計・製造を担える優秀な人材が日本にいないことと、設備をする生産技術が全く無いからである。

　一方、大型コンピュータの DRAM 製造で培われた半導体材料、製造設備の日本の技術はほぼ 40 〜 50％のシェアを占めており、この分野を伸ばしたほうが得策である。これらの分野を維持・改良することが大事である。また、日本はアニメを中心としたエンターテインメントの分野を伸ばすのも大事なことである。

2章　中国経済の低迷

◇恒大および他の不動産バブル

・住宅が高騰し、住宅に投資するバブル状態となる。土地は国有で賃借料を国に支払う。地方の有力幹部および中央が儲かる仕組み。一方、ユーザは建設前に銀行で高額のローンを組む。その銀行が不動産業者に建設費用を支払い着工する。

・ところが、バブル対策で政府が住宅価格の高騰を抑える政策を打ち出したため、不動産業者は資金不足となり建設工事が中断する。一方、ユーザは住宅が入手できずに高額のローンを支払い続けることとなる。不満を持ったユーザ側はローン支払いを拒絶する運動を起こし、銀行取付騒ぎが起こっている。対策のため、政府は地方にユーザへ一時金をだすように指示。ために地方財政が逼迫。更に地方は銀行にユーザへ一時金をだすように指示。ために地方金融機関が逼迫。しかし、ユーザは住宅を入手できても不動産価格・価値が低下。最終的には高額ローンに苦しんでいる。

・この様な不動産バブル崩壊が恒大だけではなく殆どの不動産業界に蔓延しており、一般ユーザの購買力低下、中央・地方財政の逼迫、金融機関の逼迫を招いている。

　杭州では投資のために住宅を購入。しかし、住宅周囲にインフラが整備されず、人は僅かしか住んでいない。高騰した

住宅は住人もいなくなり、買い手もなく放置されたままとなり、ゴーストタウン化している。殆どの都市計画は頓挫している。また、手抜き工事が多く、建設されたマンション、高層ビルのひび割れ、倒壊が増加している。

◇儲け頭の半導体の輸出

・中国の輸出の儲け頭は半導体である。台湾企業の TSMC の中国工場で生産される apple 社向け携帯用半導体と自動車用半導体向けが主力である。その他の輸出品目では太陽電池、おもちゃや雑貨品があるが、輸出金額が小さい。一方、TSMC は中国経済の不安から脱却を図るため、インド、ベトナムへの移転を考慮中。

・また、米国の CHIPS 法案が可決。中国で生産された半導体を使用する製品に制裁を科す法案を可決した。マツダが反応し、中国からの半導体の入手を断念。

◇半導体の開発　14nm（回路の幅で小さい程緻密）

・半導体の開発は国策として推進。かなりの額の開発基金を投入。金でヘッドハンティングしたり、設備の導入をしているが、殆どは如何わしい赤旗企業に流れており、実質的な半導体の研究・開発に結びついていない。

　しかしながら、半導体の設計分野に関しての人材は多く確保されているようだ。

◇鉄鋼・ステンレス業界

・中小大企業が乱立状態で価格競争になっている。品質が悪い。新材料の開発余力がない。中小メーカーの乱立は毛沢東の指導によるもの。倒産も増加している。

・宝山鋼鉄が新日鉄の特許を模倣してトヨタに低価格で販売しているのを新日鉄がトヨタを告訴している。トヨタは謝罪して新日鉄から材料を購入すべき。

◇失業率 15%　若者 20%

・特に若者の失業率が20%となり、小役人への応募が急増。小役人のバイトである交通取締り業務がはげしくなっている。自動車が売れており、白タク業が増えている。でも、こうしたバイト仕事は満杯状態である。

・地方公務員の給料が3割カットされ出した。また、個人の収入も減っている。

◇少子高齢化

・一人っ子政策を止めても急に人口を増やすのは無理。2035年には60歳以上の高齢者は30%となる。

・農村部の高齢者の年金制度は崩壊し（3700円／月）、現在は月7000円の民間老人ホームが流行っている。近い将来は各家庭が高齢者の面倒を見るようになる。しかし、少子の子供が両親の面倒を見るのは経済的にきつくなっている。

◇公害・健康被害

・中国では安く作るのがモットーであり、公害は無視されている。

・国策で粗悪ガソリンや石炭利用が減ることで大気汚染は多少は解消できるかも知れない。

・工場で発生する河川や池の汚染は手が回らず深刻化する。

・黄砂の微粒子、工場・車の排ガスのPM2.5など国民の健康問題が深刻化する。健康問題で外国企業も撤退せざるを得ない。

◇交通インフラの逼迫

・景気対策として高速鉄道が張り巡らされ、拡張されている。莫大な投資がなされている。が、赤字路線が多く、鉄道会社の負債が加速的に増加。その額約136兆円。

・保守・メンテにお金が回らないので事故が多発する。その傾向は見えている。二重路線廃止や普通鉄道への建設に切り替えているが、効果は出ていない。

・道路や橋などのインフラも保守・メンテ費用が見込まれておらず、財政の負担となり、財政が逼迫し、地方・中央の補助金が打ち切られる事態が発生。

◇電気自動車（EV）

・EVは国策でかなりの資金が流れている。300社乱立状態でコスト競争になっており、倒産企業も多い。バッテリーも

粗悪品が多く、火災事故も多発している。

・殆どはレンタルとしての利用が多い。が、乗り捨てで放置されることが多く、事業として成立しなく、EVの墓場が増えている。

・社会信用システム（上海、アリババ個人管理システムで7割が加入）で乗り逃げすると減点される。これによりレンタル事業も多少よくなってきているが……。

・EVメーカーBYDは16万台／月売れている。生産台数はテスラーを凌駕している。小型は45万円で発売している。普通車もONE充電200km〜300km走行可能でエアコンがついており、CITYカーとしては充分な性能である。

・EVは日本車つぶしのヨーロッパ戦略と言われているが、ヨーロッパのガソリン車、ジーゼル車メーカーはもっと深刻な問題である。ヨーロッパではEVが普及し易い土地柄である。BMW、ベンツ、フォルクスワーゲン、アウディ、ボルボ、ルノーなどは中国製のBYDが進出して来るのが脅威となる。従って、ヨーロッパ、特にドイツはEVの普及の旗を降ろすことになると私は確信している。

・BYDはヨーロッパだけでなく日本のEVの強敵ともなる。

・テスラーも中国と結託しているが、ワン充電で400km走行できるが、エアコンを使うと半分くらいになる。急速充電で30分―1／4フルでは遠距離ドライブには問題がある。中国のような広大で40℃の高温、-20℃の低温地域では航続距離や冷暖房負荷が高く、テスラーのようなEVは不向きと思

われる。

・自動車用内燃エンジンは実験によるデータの蓄積が必要。中国ではまねができない。中国メーカーは三菱自動車のエンジンを購入して自動車を国内生産しているのが現状。

◇リチウムイオンバッテリー

・リチウムイオン電池は日本の TDK の技術者を雇い、高い製造技術を有する。

・BYD とトヨタは共同開発で電気自動車の開発をしている。BYD は薄刀電池（ブレードバッテリー）を開発しており、これは爆発しないのが特徴らしいが？

・中国のバッテリーの占有率：5 割は CATL、2 割は BYD である。原料のリチウムはチリ 5 割、豪州 3 割、中国 2 割である。他コバルト、ニッケルも中国は少ないのが資源状況。

・米国でインフレ抑制法が成立した。2025 年より中国、ロシアの原料を使用したバッテリーを使用した EV はアメリカでの販売を禁止するという中国おろしの政策。

◇農業・畜産

・大規模農場が増えており、小規模農家が疲弊している。特に、少数民族で農家しか出来ない人達は中国では切り捨てられる。

・トウモロコシ、小麦、米の輸入量が増加、備蓄量も世界の 50％以上を占めている。

・夏場の干ばつで野菜などの農産物が不足している。

・中国では豚が肉の主食であり、養豚が盛ん。ウイルスが蔓延しており、処理される豚が増加している。実際は病気の豚も流通しているようだ。

・養殖技術が進んでいないのと海洋汚染のため、海洋進出や遠洋乱獲が多くなる。

◇ゼロコロナ対応

　ロックダウンによる経済の衰退は大きい。数字では発表されていない。上海では3ヶ月、新車の登録台数がゼロであった。今は復帰している。トヨタも上海からの部品が入手できずにラインを止めていた。しかし、2023年初頭よりゼロコロナ政策を断念したが後遺症が残る。

◇海外投資、援助、一帯一路

・ミャンマー等へのインフラ整備のための資金援助などの回収が出来ずにいる。

・アジア・アフリカはコロナによる経済負担により中国からの借り受け金の返済が出来ていない。

・一帯一路政策はロシア侵攻で中国に対する中央アジアとヨーロッパの不信感があり、失敗し、大きな負債が各国に残り、港湾や倉庫をカタにとられ、中国排斥の動きが大きくなりつつある。アフリカ・中東では中国人を狙った犯罪が多発している。

◇外国資本の逃避

・中国経済が鈍化し、市場が縮小、購買力低下で魅力がなくなり、外国資本が流出している。ブリジストン、ルノー等。日本の企業も早く撤退することを視野に入れている。

・会社組織に3名以上の共産党員がいる場合に、党員の便宜をはかる必要がある、という法律で会社運営が規制されている。多くの中国内の合弁企業には嫌気が出ている。

◇ IT産業への弾圧

・共同富裕政策の一環でアリババやテンセント……等の敵対勢力を抑えるため、IT富裕層に対する習近平による弾圧がある。IT産業はほとんど赤字に転落。

・中国のIT産業投資への損益がソフトバンクが3兆円、楽天が1兆円もでている。

・IT産業は起死回生で毎日優鮮へ投資したりしている。しかし、賃料が大きな負担となり、更に若い人は外食が多く、年寄はアプリが使えないので、分散型冷凍・冷蔵倉庫事業も不調となり倒産危機にある。

・GDPで2030年に米国を抜く計画はIT産業の落ち込みで無理と政府は見ている。

・その他、教育産業も弾圧している。先生の失業が増加。

◇洪水

・雨季に長江、……の洪水が増えている。中国南部300万人

被災。長江付近では地下鉄の浸水が増加。

・世界一の発電量の三峡ダム決壊のおそれあり。

・青海省洪水 6000 人被災。

◇干ばつ

・四川省、湖北省、重慶 100 万人への水供給に影響。水力発電不足。

・森林火災も発生。

◇地震災害

・2020 年、雲南省で M6.5 の地震があり、数百人の犠牲者が出た。

・2022 年 9 月、四川省で M6.8 の地震で数十人が死亡。実際の被害は数千人とか。当局は地域を封鎖しており、詳細は不明。

◇物価高騰

・アメリカと同様、中国の物価も上がっている。外的にはウクライナ侵攻によるエネルギーコストの上昇と食料不足。中国内では高温・干ばつによる農産物の高騰がある。

・これに対し、金利を下げている。政府はお金を刷って銀行にまわしているが、融資を受ける人が減少。金の価値が下がり、物価上昇を加速している。小売業者が値上げすると罰金を科す制度が導入されている。が、原価は上昇し、市民生活

を圧迫。

◇米国国債の売り
・米国国債の売りが増加している。既に13兆円の米国債が売られた。
・国内の内部留保が底を突いてきだした。
・米国の金利が高くなったので米国債を売っている。
・一帯一路政策を維持するために多くのドル（弗）を使っている。

◇軍需産業
・軍需産業への予算が年々増加。日本の4倍の国防予算で22兆6000億円。
・台湾侵攻で景気悪化の非難を避けるかも。習近平政権では台湾侵攻はないと私は思う。
・空母3隻保有、原子力空母を含め7隻空母体制を構築中。
・J10型はロシア製エンジンで機体は中国製耐久1500時間、J20型は純国産耐久100時間。国産のジェットエンジンの信頼性はかなり低い。

◇少数民族弾圧
・ウイグル族のジェノサイドは国際社会、特にヨーロッパEU・米から非難。米国はこの一環としてCHIPS（半導体締め付け）法案を可決。

・ウイグル自治区オルドスの石炭産業が拡大している。そして、この地区の都市開発が進んでいる。が、不動産バブルで軒並みゴーストタウン化している。

◇宗教弾圧

・ウイグル自治区、チベット自治区の弾圧は宗教弾圧に発展。イスラム教、チベット仏教、キリスト教（プロテスタント、正教）、仏教等は思想統制、集団会合の統制のため弾圧が行われている。一方、道教と一部キリスト教は擁護されている。

◇病院経営

・逼迫しているが、国の補助がなくなってきている。従業員の給料が未払い。

・高騰する医療費確保のため預金の支払いは医療費支払いにのみ許可されている。そのため預金引き出しの取りつけ騒ぎが発生している。

◇太陽光発電・風力発電

・世界の太陽電池の生産はシリコン結晶が安価に量産している中国が世界の45％を占め独占状態である。Jinko Solar やJA Solar が大手。

・2020年10月末の時点で中国国内の発電設備の総容量は21億kWに達しており、1位は石炭火力発電が10億7000万kW、2位の水力発電が3億7000kW、太陽光発電と風力発

電はどちらも2億3000万kWと拮抗しているが、最近は太陽光発電が風力発電を上回っている。

・日本国内の太陽光発電（中国製メガソーラー）は買い上げ負担が大きく、現状復帰費用が家庭に押し付けられている。業者の倒産が増加。森林破壊など環境破壊が問題となり、原発の再稼動が急務でソーラーは日本でこれ以上伸びることがないだろう。

◇電力不足

・石炭火力発電が主力であったが、増産に次ぐ増産で坑道事故が多発。閉山。

・近年、大手エネルギー会社および子会社15社が破産。また、オーストラリアからの輸入規制で石炭不足となり、電力不足状態。

・一方、水力発電の比率が高いが、夏場の干ばつで電力不足が発生している。

・急遽、原子力発電をフランスから50基程導入。しかしトラブルが多い。

◇米国の中国に対する規制強化

半導体抑止政策CHIPSの第2段規制として、トランプ政権下で米国内にある上場中国企業に対し会計監査が義務づけられた。

これまで、中国側は拒否し続けたが、上場できないので仕

方なくこれを受け入れた。

　中国の企業は通常の決算報告になっていないので不正が発覚し、多くの中国企業は米国から撤退することになるだろう。中国側の外貨獲得のチャンスが減る。

◇中国人の特徴

・日本に来る学生は殆ど勤勉家が多く、頭は良い。技術の取得に貪欲である。日本の学生は負けている。

・華僑のように海外に町を作っている。商売で海外に出るのが平気である。世界中に中華街がある。

・袖の下文化が習慣の国である。

・中国人は戦狼外交や懐柔外交、戦わずして勝つのが得意。いざ戦うと弱い。アヘン戦争、日清戦争など。

3章　世界の経済動向予測

3-1）カオスによる予測法について

　予測にあたり、カオスの理論を用いる。なぜかというと、予測は規則性を持たないことが多いからだ。一つとして類似することがなく、予想外の結果をもたらす。だからカオスの理論を使う。

　例えば、地震学者はいつ、どこで、どの位の地震がいつ起こるか予測ができない。

　しかし、過去はこの位の周期で、ここで地震が起きて、予震や余震がどの期間発生したとかのデータがある場合に予測ができる。下図はカオス理論から計算した予測図。

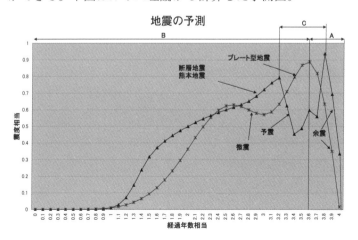

地震の予測

例えば、プレート型地震である東日本大震災は2011年発生。最後の余震は2022年に起こった。A=11年位となる。すると太平洋プレートが動き出した時期が想定される。B=99年前ということで、A＋Bの約110年周期でこの地震は起きていると推定される。

　過去の東北の地震を見ると、1896年に三陸地震津波でマグニチュード8.5で約2万人の方が亡くなっている。ほぼ一致する。

　一方、熊本地震のような断層地震は別の形で起こっている。2度大きな地震に見舞われ、2回目が本震。そして、その間隔Cは短く、1〜2日であった。つまり、1週間位で地震が起きていることになる。そしてゼロ点で収まっている。その後、同じ断層での地震は起こらないことを示している。しかし、1回目の地震があってC百年後に2回目の巨大地震が同じ断層で起こる場合もある。つまり、プレート型の地震は予測がつくが、断層型の地震は予測がつかないことを示している。

　また、個人の寿命は予測がつかない。しかし、病気を持っていると、死期はある程度予測できるかも知れない。病気持ちでなくても少し太っているとか、塩辛いものが好きだとか……様々な小さな兆候は持っている。

　しかも、人は誕生し、活力、体力、気力、精力……のピークがあり、最後には必ず死ぬ。

相撲取りやスポーツ選手は体力のピークまでの期間 A が短いので選手生命の寿命 J は短いのであるが、親方になったり、理事になった人の活力、気力のピークまでの期間 A は長くなり、命の寿命は延びる。中にはちゃんこ鍋料理など商売上手な相撲取りもいる。そういう人は寿命が延びることになる。サラリーマンは定年退職 A=60 歳から気力がなくなり、J=80 歳位で死亡するパターンが多い。

　動物の寿命は体力や繁殖力で決まるので、人間よりもバラツキは少ない。飼い犬は J=15 歳位、家猫は J=18 歳位となる。

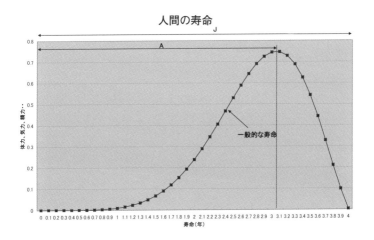

人間の寿命

　このような、メカニズム、わずかな兆候、過去のデータ、ピークの時期……といったわずかな変化やデータから時系列的なポイントを予測し、最後の帰着点がゼロ（死、停止、絶滅……）に喫する予測にカオス理論を適用するのは最適である。

カオス理論とは、二次方程式を用いた写像

$$X_{n+1} = aX_n (1 - X_n) : 0 \leqq a \leqq 4 、 0 \leqq X_0 \leqq 1$$

　この式はロジステック写像とよばれ、連続時間の微分方程式として19世紀から知られていたが、写像として時間を離散的にすることで、極めて複雑な振る舞いをすることが1976年、ロバート・メイによって明らかにされた。

　ご存じのように、一般的な方程式ではわずかに初期値X_0が変化しても結果は大きく変わらなく類似値となるが、本二次方程式は極めて大きく変化する。

　このロジステック写像を初期値X_0の0.01の変化に対し、時間軸による結果の変化を抜粋して一部を表1に描いてみた。

表1. ロジステック写像の抜粋

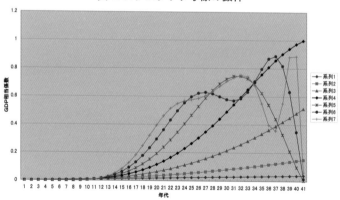

すんなり連続して上昇しているのもあれば、起伏を伴うの

もあれば、山形でゼロに向かうものもあるが、時間が進めば終局ではゼロに帰着するはずである。

　どんな生命でも寿命がある。人間の活動、地球の活動……でも始まりも終わりもある。途中のプロセス（時間軸に対する形や変化）は様々である。

経済動向予測

　ただし、時間軸のスタートは初期の事象が起こるタイミングに修正する必要はあるし、現時点の各国のGDPは分かっているので合うように修正する必要がある。

　また、他の変化から受ける影響に従い修正する必要もある。こうした修正をした後の日本、中国、アメリカ、インドの経済動向（GDP……）予測を表2に示す。

表2. 経済成長度カオス予測

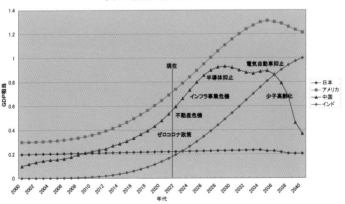

世界の経済・産業の動向は中国経済を予測することに尽きる。

幸い現在の中国に関する情報・データは文献、新聞、ニュース、SNSで多く存在しているため、変化の原因も予測ができる。

中国の経済予測の前提条件は現在の習近平政権がこの先、最低5年間継続すると仮定したものである。また、彼の在職中、この先5年間は台湾侵攻はないと断言できる。今まで中国は単独で戦争を仕掛けて勝った経験がないからだ。戦狼外交でゆさぶりをかけて従属させるのが中国の得意の戦法である。

しかし、中国経済の予測を難しくしているのは一党独裁の政治である。予想と反した政策をとることが多い。また、地方役人や中央役人が立場を利用して利益を搾取したり、袖の下で物事を進める体質であるからだ。

3-2）中国の経済予測

中国の経済は現在はゼロコロナ政策の失敗と不動産バブルの崩壊で危機的状況にあるが、輸出の増大に助けられている。しかし、米国の半導体抑止制裁により半導体産業が落ちこみつつある。ファーウェイは縮小し、更に台湾企業の半導体メーカーのTSMCが撤退することになれば、半導体の輸出が落ち込み、中国経済は低迷する。

この時点で中国のGDPはアメリカのGDPを抜くことは

できなくなる。が、中国は没収したTSMCの設備をベースに自前の半導体産業を盛り返すだろう。

しかし、今、中国が一番期待している電気自動車産業がヨーロッパ、日本、アメリカの攻勢で抑止の方向に動き、中国のEVは航続距離、充電時間、バッテリー破裂、バッテリーの処分問題で国内のCityカーの用途に限定され、一般的な市場では全く普及しなくなるだろう。

また、EVの輸出も激減する。中国経済は2036年頃から更に落ち込む。そして、これと同時に少子高齢者が加速し、60歳以上が人口の30％を超え、急速に経済は減速する。

同時に2036年頃にはインドにGDPで追い越されることとなるだろう。

3-3）米国の経済予測

米国内の中国企業に対する監査規制、中国に対する半導体抑止、電気自動車抑止が効果を上げる。中国の経済は落ち込む。一方、米国はエネルギー産業、半導体産業、IT産業、軍需産業が下支えして、米国のGDPは順調に伸びるだろう。しかし、国内問題である人種差別問題、移民受け入れ問題……を抱え、更に2036年以降の中国の経済の急速な落ち込みに足を引っ張られるため、米国の経済の伸びはなく緩やかに鈍化するだろう。その後はインドに対する協調路線を敷くことで、経済成長が回復するだろう。

3-4）日本の経済予測

　電気自動車への移行を阻止することが前提条件。ヨーロッパ、特にドイツと組んで官民一丸となって、EV への移行を阻止せねばならない。

　この経済予測はその条件で出されている。この条件でも日本の大きな成長はないが……。逆に失敗し、自動車産業が衰退したら 2040 年には日本経済は破綻しており、自殺者が増え、失業した人で町は溢れるだろう。

　日本人は明治維新の産業の立ち上げや戦後からの復興といった差し迫った中では能力を発揮でき、高度成長を成し遂げてきた。しかし、世の中が落ち着き平和で安定した環境の温室で育った人間は、新しいことに挑戦し、事を成し遂げることができない。従って、これまで先人が残した技術や産業を維持・改良することに専念することだ。

　それから、2026 年までに中国市場からは徐々に撤退し、中国が経済破綻するリスクから未然に身を守ることが必要。

　特に自動車産業を守ることで、日本の経済成長は横ばいで推移し、安定した生活を日本国民は送れるだろう。

　これからはマルチな国民（アメリカ人やインド人）は経済の先導役になるが、日本人は単純一筋のまじめな国民であり、経済の発展より安定を考えた方が良い。

　韓国人や中国人も日本を悪者にし、日本に勝つことを目標にひたすら頑張って日本を上回る発展を成し遂げた。更に、中国はアメリカに勝つことを目標にしてきたが、目標を見失

い、2036 年ごろから、韓国、中国共に経済は失速する。こ
れも自然の摂理であり、カオスの予測する範疇にある。

4章　世界の危機

4-1）地球温暖化と異常気象

　地球温暖化の要因が人間の活動で発電や車の化石燃料を燃やした結果、CO_2が増加したからだという説は間違いである。そのCO_2の影響はほんの1〜2％程度である。

　CO_2の濃度分布を測定した結果を見ると、赤道付近の海洋部分が高いのはなぜ？

　CO_2を多く排出している北アメリカ大陸や中国大陸のCO_2濃度が低いのはなぜ？

　CO_2は海水温の高い赤道付近に集中しているのは海洋からほとんどのCO_2が発生しているからです。海洋の水温が上がる原因は何か？

　勿論、赤道付近であるからだが、年間通じての平均海水温も上がっており、尚且つ、海藻の炭酸同化作用が低下しているからです。その原因は、海洋の汚染である。特に韓国、中国、インド、ブラジル、メキシコなどの発展途上国が海を汚染した結果、海流の影響も受け、日本付近の海底の窪みにも大量の汚染物質、海洋ゴミ、プランクトンの死骸および枯れた海藻が蓄積している。

GOSATによる世界のCO2濃度分布観測結果

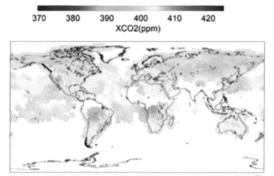

370　380　390　400　410　420
XCO2(ppm)

2018年7月

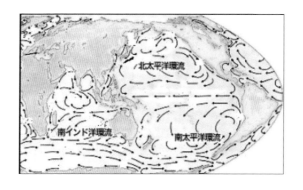

北太平洋環流

南インド洋環流　　南太平洋環流

　この堆積物の微細な凹凸が核沸騰熱伝達促進の役目を果し、マグマの熱を積極的に海水へ放熱している。更に、この堆積物のバクテリアによる発酵熱が発生。結果、海洋の平均温度を上昇させていると思われる。

　ヘドロのたまったドブ川の水温は温かくなる。一方澄んだ

川の水は絶えず冷えているでしょう。

　そして、この海藻の減少と、海水温上昇で海水に溶けていた膨大な量のCO_2が大気に放出されている。それでも大気中の全CO_2の体積割合は 0.03 〜 0.04％に過ぎない。このCO_2は空気より重いため地球の表面のみに薄くまばらに存在する。

　この僅かなCO_2が、地球表面の地面や海面から外の大気圏への放熱を防いでいることになる。そして、地面近くの気温が上昇し、地球温暖化を招いているのかも知れない。

　また、平均海水温の上昇は異常気象を起こし、集中豪雨は河川から海へ汚染物を運び、海の土壌汚染を加速している。

　また、堆積した汚染物質やプランクトンの死骸や枯れた海藻がバクテリアにより発酵し、メタンも発生する。そのメタンも温室効果ガスとなる。メタンは空気より軽いため、大気圏の外側に存在し、層をなして地球からの放熱を防いでいる。従って、このメタンの方がCO_2より温室効果が圧倒的に高いように思われる。地表面近くにのみ存在するCO_2は植物により吸収され易いが、メタンは蓄積され続ける。

　　常温密度：メタン $0.652kg/m^3$ ＜空気 $1.176kg/m^3$
　　　　　　　　＜炭酸ガス $1.796kg/m^3$

　いずれにしろ、海水から発生したCO_2＋メタンが地球温暖化に影響していると考えられる。その場合、メタンの方が温室効果の寄与度が圧倒的に高いことは明らかである。

日本やヨーロッパの河は比較的綺麗だが、他の発展途上国の河は汚い。黄河やインダス川、アマゾン川は最悪だ。生活排水、人糞、海洋ゴミ、工業廃棄物などを大量に海に運んでいる。この汚染水に含まれるリンや窒素化合物を餌にプランクトンで赤潮が発生し、逆に、酸欠で大量のプランクトンの死骸が海底にたまり、大量の海藻をも枯らし、汚染物質と共に堆積する。

　東シナ海や朝鮮半島沖やインド洋での海産物は食えたものではない。中国産アサリや上海蟹や韓国産の魚貝やのりは栄養豊富でよく育つが、有害な工業廃棄物も含んでいる。お勧めしない。逆に、日本の海は綺麗だが栄養不足でアサリやのりの生産が落ちて、輸入に頼り始めたのは残念なことだ。対策は後述する。

　ちなみに、何万年かの歳月で、マグマの熱と海底の水圧（1気圧@水深10m）を受けたプランクトンの死骸や海藻が化学変化したのが石油であり、バクテリアで発酵したのがメタンハイドレードや天然ガスである。地殻変動で海底が隆起し、石油や天然ガスは地上でも採掘され、メタンハイドレードはシャーベット状態で海底に眠っている。

　石油や天然ガスがどうして地球上に生成されたのかご存じの方は少ない。しかし、同じ様なメカニズムで1950年以降の短期間で海洋汚染に起因する海水温の上昇や地球温暖化を起こしているのです。

　また、異常気象は地球温暖化が原因だとするいい加減な気

象学者もいるが、そうではない。海水温が上がっているのが原因である。大気の温度が上がっても790倍も熱容量（海水・大気の総量×比熱）のある海水温を上げるのは困難。逆に、海水温が上がれば、大気温は短期間に容易に上がる。温暖化の真の原因は温室効果ガスの影響ではなく海水温が上がることに起因しているのかも知れない。

　確かに、5000年前の縄文時代は地球は温暖化した形跡が北海道・北東北に見られる。山や海の恵みがあり、縄文人は薄着で過ごしていた。ところが、3000年前から寒冷期に入り、弥生時代には南下して生活することを余儀なくされる。果たして、地球温暖化は人類にとって良くないことなのか？

　本来は寒冷期に向かっているはずだが、現在は温暖化が進んでいる。太陽の運行や黒点活動以外の要因があるが、その主要因はCO_2ではないと断言できる。しかも、温暖化した方が人類には良いと思われる。

　しかし、異常気象を防ぐには世界の河と海をきれいにすることだ。生活排水や人糞や工場廃棄物は浄化して河川に戻し、河川をきれいにすることだ。さすれば海はきれいになる。これが真の環境保全になる。化石燃料を燃やして発電したり、車を走らせてCO_2を出しても全く問題はない。

　日本の河川は飛躍的にきれいになっている。このマインドと技術を世界に普及させるのが、これからの地球温暖化や異常気象に対する日本の正しい姿勢である。

化石燃料を燃やすことが地球温暖化を招き、環境保全に悪いというのは、ヨーロッパの独断的偏見によるものだ。正に日本の自動車産業潰しを狙った戦略だ。

　しかし、太陽電池、風力発電、電気自動車などは一見、クリーンというイメージだが、太陽電池は多くの電力を使い、製造過程で多くのCO_2を発生。広い土地を独占し、森林をつぶし、CO_2が吸収されない。また、太陽電池は廃棄時に土壌を汚染する。汚染された水は河から海に入る。

　風力発電は危険な不安定構造物となる。台風で倒壊する。メンテが大変だ。日本国内で風況の良いところは少ない。山頂や洋上からの送電にはコストがかかる。

　電気自動車は新たな設備投資と消費電力により、電力のデマンドが増加する。リチウムイオン電池の廃棄処理問題をどうするのか。

　愚かな科学者や政治家やマスコミに踊らされている。原因を究明せず、一見良さそうな解決策に飛びつき、裏の影響に気が付かない。無駄な施策ほど莫大な国費の浪費になる。

4-2) 戦争をなくし、国連を強化するには？

　ウクライナ侵攻でロシアの核による脅しが功を奏している。誰も強力な手を差し伸べることができない。国連も機能しない。これでいいのか？　益々、核が世界を支配するようになる。核戦争が起きたら世界は、人類は破滅する。

　私に提案がある。ロシア侵攻から学んだことでもある。

高精度の迎撃されない飛距離1万kmのステルスミサイルもしくは無人機（ドローン）を開発することだ。日本が開発するのがよい。日本にはその技術がある。また、敗戦を体験した日本はこれを武器に戦争をしかけることが絶対ないからだ。

　このミサイルは数十個保有するだけでよい。全ての平和を望む国が保有するのだ。国際法から逸脱した戦争を仕掛けられた場合、相手国の首謀者の住居や執務室、発電所（原子力発電所、核施設を含む火力発電所、水力発電ダム）を正確・確実に攻撃すると警告するのだ。発電所を爆撃することは違法であるが、警告は違法ではない。大変な抑止力である。

　ロシアがウクライナに侵攻する前に、有事にはアメリカも参戦することを警告しておれば、ロシアは侵攻していなかっただろう。アメリカおよびNATOは参戦しないことを明言したために侵攻を許してしまったのだ。この反省から、台湾有事ではアメリカは参戦すると明言したのだ。日本も同盟国として参戦する意思を明らかにしなければならない。これが抑止になるのだ。日本は参戦すべきでないというバカで脳天気がいるが、逆に、日本有事になった時に誰も助けてくれないぞ。

　抑止力を外交上有効に利用しなければならない。地下に隠れた核施設や原発をも確実に破壊する。現在の核保有国の優位性はなくなり、むしろ核を保有することが危険になる。

　国連の現在の常任理事国を廃止し、国連のメンバーの採決

で全てを決定する。核廃絶できれば大成功だ。この方法しか国連を機能させることはできない。国連が正常に機能し、世界平和が来ることが目的である。

4-3）ウクライナ情勢をカオスで推測

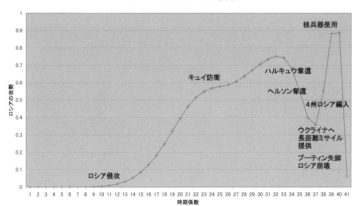

ロシアのウクライナ侵攻

・2022年2月24日、ロシア軍はウクライナに侵攻を開始した。

・3月、ウクライナ軍はキュイを守り、ロシア軍を撤退させた。

・9月、ウクライナはハルキュウを奪還。

・ウクライナはヘルソンを一部奪還。

・10月、ロシアは4州を編入。部分徴兵。

・ロシアは核兵器使用。

・アメリカ、NATO による長距離ミサイル提供。モスクワ集中攻撃。

・プーチン失脚。ロシア崩壊。

　本誌が発売される頃にはウクライナ情勢も変化しているだろう。私は最悪の事態を予測した。ロシアは最終的に核兵器を使用するだろう。

　その時に、欧米諸国がどのように対処すべきかを提案する。

　モスクワに届く長距離ミサイル（核弾頭ではない）を私かに事前にウクライナに提供しておくこと。判断はウクライナのゼレンスキー大統領に委ねることだ。

　私ならば、ロシアが核兵器を使用したら報復としてモスクワのクレムリンと核施設と原発を狙うだろう。ただし、民間人を殺傷することは最小限にとどめる。これで、ロシアはアメリカや NATO が参戦したものと思い、戦争は終結する方向へ一気に向かうだろう。ロシア国民は自国が攻撃されないとプーチン排除に動かない。

　ロシアが核兵器を使用しても、アメリカや NATO は核報復をして世界大戦になることは無いだろう。民主国家は議会の決議がなければ核を使用できないからだ。だから、ウクライナにモスクワ攻撃の権限を委ねるしかないのだろう。

4-4）食料危機をどう回避するか？

　世界の人口は 2022 年現在 79 億人と、まだ増え続けている。このうち約 7 億人が飢餓状態にある。最大の問題は如何に食

料を確保するかである。まずは失われる食料をなくすことだ。

・食料はロシアのウクライナ侵攻を即時やめさすこと。

・地域の紛争や戦争をなくすことだ。

　国連・国際司法裁判所を強くするしかない。国を安定させ、避難民や一部人間の搾取や麻薬や暴力を少なくすることが、食料危機に一番必要なことだ。武器を売り、紛争を助長する行為は犯罪である。

・河川を綺麗にして海洋を綺麗にし、魚貝類を守り、同時に、異常気候を抑えることだ。干ばつ、大雨による農作物や漁業への被害を抑えることができる。

・世界の知恵を結集し、ウイルスに強い牛や豚や鶏を遺伝子組み換えで育てる。無駄に殺処分される家畜を失くせ。

・いなごの大発生で農作物が食われている。いなごを肥料や飼料にできないか？

・イノシシや鹿や猿やカラスが増え、農作物を食い荒らしている。耕作放棄地が増えている。動物保護法の見直し要。イルカや鯨を保護し過ぎると魚貝がいなくなる。

・食品ロス（賞味期限を延ばせ、食事を余すな、地産地消推進）を減らす。余った食料を迅速に必要なところにドローンで飛ばせ。

5章　これからの技術動向と日本の進む道

5-1）半導体の動向と日本の進め方

・スマホ用の５Ｇの通信のロジック半導体の分野の現状。

海外１位　TSMC（台湾）　配線回路幅５nm→３nm→２
nmに微細化技術を開発中。

２位　サムスン（韓国）　５nm開発中　パソコン用
DRAMからスタート。

３位　インテル（米国）　2024年→５nmを開発予定。

４位　（中国）　現在14nmレベル。

国内　TSMC（日本・熊本に）　2024年→16〜28nmソ
ニー、デンソーが参加。

１位　キオクシー（元東芝メモリー）

２位　ルネサス（車用）

３位　ソニー

・日本は大型コンピュータ（メインフレーム）のDRAM
（メモリー）に特化してきた。

・半導体製造には３つの工程がある。

①設計……中国が人材を集中しており、強い分野。

②前処理工程……材料、フォトエッチング、洗浄
日本の材料・製造機が必要40〜50％のシェアを有す
る。

サムスンへのフッ化水素（エッチング液）の規制で半導体のライン停止危機？

　③パッケージ工程……シリコンカット、パッケージ、積層

　DRAM は設備費がかかる。中国、TSMC が得意。

・半導体の種類は以下の通り。

　ロジック半導体（プロセッサー、通信半導体）、DRAM（メモリー）、CMOS（テレビ画像）、フラッシュメモリー（サムスンが強い）、パワー半導体（電気自動車テスラー）、車載半導体（ルネサス）などの種類がある。

・コロナでパソコン用、ゲーム用が増産。半導体不足は安価な 28nm に集中し、不足気味。TSMC はスマホ５nm で手一杯で増産できない状態。

・米国のファーウェイつぶし、ロジック半導体（通信）が入手できないようにした。

米国は半導体の分野で中国を締め付ける法案 CIPS を実施している。ファーウェイは自前で５年で半導体を生産することとした。しかし、無理なことだ。このため通信産業のファーウェイは完全に業務ストップしている状態。

・中国における半導体は台湾の TSMC が 95％を占めており、この TSMC が撤退すると中国国内の半導体産業は５％に縮小される。TSMC が今後どのような形で中国から撤退するのかが問題である。台湾有事の際には、TSMC の工場は中国当局に没収されるだろう。没収した設備で半導体の再興を

図るだろう。

・半導体の技術は TSMC が優位を保つ。技術・設備面から日本は手を出さないほうがよい。

　日本は自動車産業を支えるだけの半導体の生産ができればよい。

　後は材料・半導体製造設備に特化して、半導体産業を支えればよい。

5-2）電気自動車への対応

・EV の普及は City カーとしてはありえる。この場合、中国の BYD が価格や耐発火バッテリーの面から最も優位となる。もし、優位な立場が崩れるとすれば、バッテリーの発火の問題であろう。ちなみに日産の EV は全く発火の問題がでていない。

・普通乗用車は広大な地域であるアメリカ、中国、日本では、航続距離、充電スタンドのインフラ、充電時間、エアコンの問題からガソリン車や、クリーンジーゼル、HIV、PHEV が持続するだろう。

・ヨーロッパは地域が限定されるため EV が普及する素地はあるが、中国産に凌駕されるのを恐れて、ヨーロッパ諸国は充電スタンドなどの整備を進めなくなるだろう。もしくは、ウクライナ侵攻による天然ガス不足による電力不足・停電を理由にするかも知れない。停電したら EV が走らない。

・また、廃車時に大量のバッテリーの処分の問題がある。放

置されたリチウムイオン電池は発火したりするし、有害な重金属も多量に発生する。

・ヨーロッパ勢は反電気自動車に大きく舵をきることになるだろう。BMW、ベンツ、フォルクスワーゲン、アウディ、ボルボ、ルノー、フィアットなどが潰れるのを防ぐためだ。

・問題はアメリカである。アメリカのEVも中国にコストで負ける。アメリカは国土が広く、電気スタンドのインフラと航続距離の問題でEVの普及が難しい。

半導体やバッテリーと同様、EVについても中国抑止する方向に動かざるを得なくなるだろう。テスラーも中国のEV事業から撤退することになるだろう。

・経済産業省・環境省は何を考えているのか？ 2040年からEVに切り替えるなど愚策だ。EVの普及は日本のみならず、ヨーロッパの自動車産業を滅ぼすことになるのだ。よくよく考えて欲しい。

・トヨタは水素自動車を考えているが、問題は2つある。

1つめは発熱量が低いので、同じ馬力を持続するのにガソリン車の8倍の量のH_2を燃焼させる必要があり、貯蔵する水素量も多くなる。更に、水素は危険というアレルギーを多くの人は持っている。

発熱量　H_2：285.8kJ/mol

CH$_4$：890.3kJ/mol

C$_3$H$_8$：2219kJ/mol

2つめは水素スタンドの設置に問題がある。大きな高圧ガ

スタンクで保管するのか？　安全性に問題がある。

　20K 超低温冷凍機で液化保存するのか？　高価な燃料になる。使う分だけ電気分解して保有するのか？　この問題はFC（燃料電池車）でも同様である。

・また、電力の発生過程で石炭、重油、天然ガスを焚いて、CO_2 を発生させている。この電気で EV を走らせる意味があるのか？

　発電所からの送電ロス、バッテリーに充電する、発電する、モータ駆動する時のロスは直接燃料を燃やすエンジン自動車の効率より EV が悪くなるのは自明である。更に、重量の重い EV 車は多くの燃料を消費する。

　自動車産業は日本の最も重要な産業である。自動車産業が衰退すると、日本のあらゆる産業が潰れる。失業者が町に溢れる。

　自動車産業はエンジン産業、部品産業、鉄鋼産業、ゴム産業、ガラス産業、工作機械産業、ロボット産業、ガソリンスタンド、石油産業……など影響がとてつもなく大きい。恐らく 1000 万人以上の人々に大きな影響がでる。

　日本の自動車産業を守り、EV を抑えろ。経済産業省、環境省もよく考えろ。

　地球温暖化という紛いごとに惑わされるな。

5-3）AI ベースのロボット時代

　超小型の高性能半導体３nm が開発されて何が変わるのか。超小型ロボットができれば、人体の中に入って直接患部を除去する。切開しないので早く治る。また、乗り物の自動運転や空飛ぶ車では高性能半導体が必要になるかも知れない。

　しかし、今の自動車産業や産業ロボットは仕事の範囲が狭いので、今の半導体で充分である。スマホ、パソコンがこれ以上小型化されるメリットはあまりない。

　人型知能ロボットができて人間の替わりに働き、ロボットが給料を稼ぐ（軍事、介護、家事、メンテ、家庭教師、医者……）。人は仕事をしなく、創造的な仕事をすることになるのかは疑問。金持ちは多くのロボットを使い、金を稼ぎ格差が拡がる。

　なりすましロボットがフェークニュースを流し、社会を混乱させるかも知れない。究極は自立型ロボット兵器。戦争はロボット（ミサイル、ドローン）がする。相手ロボットを壊滅した時点で勝利、とはならず、最後にはロボットが人間を攻撃することとなるかも知れない。

　行き過ぎたロボット開発は人類を堕落させ、格差を拡げ、人類を滅ぼすことになる。

　日本は有用なロボットの躯体、モータ、カメラ、センサーを開発し、頭脳部分の AI・半導体は TSMC に依存すれば良い。

5-4）最低限の軍需産業

ロシアのウクライナ侵攻に学べ。

・抑止力を強化するには核を保有する必要はない。精度の高い長距離ステルスミサイルを開発することだ。

・来年度予算でスタンドオフミサイル12式地対艦ミサイル、射程距離1000kmを計上するということだが、1万kmまで射程距離を伸ばすべきである。モスクワまで7000km、北京まで2000km、ワシントンまで1万kmである。

・三菱重工と三菱電機のミサイル技術は世界一級品である。日本もこうしたミサイル開発を積極的に行う必要がある。世界平和のためである。核廃絶をなしえ、そして、国連を強くするのが、わが国の正義である。

・現在、岸田首相がCTBT（包括的核実験禁止条約）で核廃絶に向かうように活動されていることは評価できるが、武器なしでなし得るのは難しい。

また、多方面からミサイル攻撃を受けた時に専守防衛では全てのミサイルを迎撃できない。打ち損じたミサイルがこちらのミサイル基地を破壊したら反撃ができない。

この弱みにつけこみ、相手は攻撃してくるだろう。憲法を改正することが急務である。安倍さんが総理大臣の時がその唯一の機会であったが、残念なことであった。しかし、今回のウクライナ侵攻から議員達は多くのことを学んだはず。相手が侵攻する準備をしたら先制攻撃をかけられるようにする。

・首謀者の住居や執務室、発電施設（原発含む）、核施

設を破壊すると警告を発する。SNSで軍事デモを公開する。この抑止力が、戦争に巻き込まれない唯一の方策である。憲法9条では侵略を防ぐことはできない。逆に侵略を呼び込むことになる。

5-5）原子力発電の全面再稼動

・原子力発電は必要な発電である。地震国であるが故に原発反対というバカ者がいるが、地震に耐える原発を作ることが大事なこと。安全な原発ができれば売れる。また、エネルギーを分散化することが安全保障上必要なこと。再生エネルギーの利用には限度があるし、逆のデメリットが多く出てくる。

・将来はプルサーマル技術ができるようになると核廃棄の問題も解決される。また、将来的には核融合発電が開発されるかも知れないが半世紀以上先のこと。

原子力発電技術は将来のため残さなければならない技術である。原発廃止の風潮では日本に原発を勉強する学生・技術者・学者もいなくなる。

・原発を廃止しても稼動してても戦時には敵に狙われるケースがある。電磁波のバリヤとかレーザバリヤなどを開発し、ミサイルやドローンに備えることとテロ対策を充分に行う必要がある。

5-6）食品製造機械産業

・にぎりめし、パン、お菓子、缶づめ、ラーメン、鶏をさばく……今は殆ど機械が加工する。日本の食品製造機械および発酵食品や保存食品は種類も多く優秀である。

・日本の食品および加工機械を輸出する上でも重要となる。

・日本は水に恵まれている。うまい天然水を輸出し、石油と交換するのも良い。

・冷凍・冷蔵保存以外で長期保存食をつくる機械作り、飢餓に苦しむ人に保存食品をタイムリーにドローンで分配することが大事。

・果物、鮮魚、野菜……など1時期にいちどにとれるものの新鮮保存と加工保存技術。保存機械の開発。年間平均して出荷できれば価格が安定する。

5-7）食品自給率を高めるには

・農業が個人経営となっており、資金力が弱く、機械化をして効率を上げるため農協が必要となっている。最近、農業法人（個人企業）ができており、零細農家の一元化が進んでいる。農協と農業法人の調整を農水省が適切にやれるか？

・果物の苗、いちご苗、野菜種……などの海外持ち出し禁止の法令化。

・農業（米、果物、野菜……）、漁業、畜産、養鶏などもブランド化を進めていく。いいものを高く売ることが必要。

・日本の強みは周りが海洋であること。魚貝類、ワカメ、昆

布、のりの養殖産業に重点をおく。最近は各大学や農水省も力を入れている。もっと企業も参入した方がいい。新鮮でクリーンな食材の提供が重要である。健康被害が少なくなり、国民の医療負担が少なくなる。消費者庁は汚染にまみれた食品を輸入するな。

5-8）工業排水処理装置と下水浄化設備の輸出

工場排水処理装置と下水道の浄化設備の輸出と発展途上国へのODA支援。

先述したように、河川の浄化が地球温暖化や異常気候に歯止めをかける方策だ。

日本の浄化技術が大いに役に立つ。

問題は河川や海が綺麗になると海の魚貝類のエサが少なくなることである。

特に、あさりやのりは栄養不足になり、生産量が落ちる。そこで中国や韓国から工場汚染にまみれたあさりやのりを輸入しているが、これは間違いである。

・本来は森を整備し、森の養分が河川や海に注ぐようにしなければならない。森林を整備し、植林を行い、森を育てることが、魚貝類の育生にもなるのだ。

そして、安い海外からの木材の輸入に頼らず、日本の森林資源をもっと活用するようにしなければ日本の未来はない。日本の森にあった伐採・運搬の大型重機の開発も必要になる。

・上記浄化設備は工場の汚染物質や生活排水の海面活性剤は

徹底除去して河川に排水するが、プランクトンの餌になるものは、赤潮を招かない程度にコントロールして放水する。このことで海の魚貝類や藻類の増殖を図ることも大事だ。

5-9）安楽死の法制度化

　死ぬ権利の法制化。本人と家族の同意があり、裁判所が認可し（犯罪の意図が無ければ）、資格のある医師が安楽死をさせることができる。

　私も医師から激痛を伴う死を宣告されたことがある。その時、その医師に安楽死を願ったことがある。勿論、拒否されたが、激痛死は恐怖だ。

　私は3年前に大動脈瘤の手術をした。ステントという金具を動脈瘤に挿入した。そのステントにブドウ球菌が付き、感染症になり、大病院に入院した。動脈瘤は80mmまで肥大になり、このままでは破裂し、死ぬと宣告された。手術しても感染症にかかっている状態では成功するかどうか分からないし、脊椎への血管が破れたら半身不随になる危険性が大きいと医師から言われた。私は半身不随で家族に迷惑をかけるのが嫌で手術を拒否した。3ヶ月が経ち、医師から手術をしないならこの病院を出るように言われた。この時、私は絶望し、死の痛みから安楽死を願った。

　その後、豊田東リハビリテーション病院に変わった。大島医院長は優しく、任せなさいと言われた。これまで抗生剤の点滴を1日3度受けていたのが1度になり、他の多くの常用

薬も降圧剤1種類となった。毎日の血液検査も4日に1度になった。ストレスがなくなり、これまでの睡眠不足や便秘や食欲不振が解消され、1ヶ月で体力が回復し、動脈瘤は65mmに縮小して、点滴から飲み薬に変わった。それから1ヶ月で退院できた。正に奇跡的に助かったのだ。今でも恩人の先生のところには月に1度検診に通っていが、患者に優しい病院は採算が合わなくなる。残念なことである。

最近の大病院は検査設備に膨大な金を掛けている。償却のため様々な痛い検査を行い、その都度で薬を多用し、患者の体力を奪う。食欲がないと栄養点滴、眠れないと睡眠薬、便秘になると薬と浣腸、赤血球が少ないと増血剤の点滴。これでは患者は良くならない。あの状態であの大病院にいたら100%痛みに苦しんで死んでいたであろう。

日本ではコロナのワクチンも未だに開発ができていない。私は日本の高度医療に疑問を持っている。従って、本誌では医療に関しては何も提言する言葉が無い。

私は現在79歳であるが、動けなくなったら、家族に迷惑が掛からないように安楽死を選択する。この死ぬ権利が認められれば、自殺者も減ることが期待できると思う。誰も痛い思いをして死にたくない。楽に死ねるのなら家族や裁判所や医者に相談する機会が増える。自殺を思いとどまるかも知れない。

私は100歳を超えた高齢の親の面倒を見てきた経験がある。正に老老介護である。精神的・肉体的にも疲労する。少子の

子供が結婚すると、通常は4人の高年齢の親達の面倒を見る必要がある。経済的にも精神的にも負担が大きく、結婚しない男女が増える傾向にある。若者の約15%が結婚を望んでいない。このことも要因の一つなのだろう。

5-10) 教育制度の改善

・グローバル化への対応として幼児からの語学教育（英語会話）の義務教育の導入。外人教師の積極的登用。

・パソコンやタブレットでの教育の導入。

・ゲーム作り、ロボット作り、スターリングエンジン作り……など物作りの楽しさを教える。幼児期からアッセンブラ言語（C言語、VB、ジャバ……）に親しむようにする。

・大学は教養課程をやめて専門課程から始める。授業料は年間10万円に抑える。今の学費は高すぎる。少子問題の解決策の一つになる。

・アメリカやイギリスの大学に入学し、卒業すれば、4年間1000万円の奨学金を支給する。青年海外協力隊等で活動すれば500万円／年の活動費を支給する。

・科学・技術面で日本が後れを取っているのは、金や予算が少ないからではない。良い指導者がいないことだ。指導者は自ら持っている専門知識だけでなく、開発するぞという決死のマインドを生徒に植えつける教育ができる。

　本当に良い指導者は金では動かない。本誌で述べているような正義と狙いを指導者に理解してもらうことだ。

金を多く持っている中国は名のある科学者、技術者を引き抜いている。しかし、裏では公金を横流しして不正を働き、国家を駄目にしている。また、AIで自立型ロボット（ミサイルやドローンを含む）を開発して人類を滅ぼそうとしている。これは正義ではない。また、金につられて何の正義も無い仕事をするような人間は成長しない。用無しになったら直ぐに捨てられるだろう。

　ウクライナがなぜ兵器や兵員数で勝るロシアに勝てるのか？　金ではない。

　ゼレンスキー大統領は祖国や国民や家族や民主主義を守るために自ら戦うと宣言し、戦闘員はそのマインドで必死で戦っている。一方、ロシア兵は何のために戦争をしているのか自覚していない。武器を持たない弱い市民を攻撃し、犬の遠吠えのようにミサイルや砲弾をむやみに撃ちまくるのみ。金や武器は豊富にあるのに戦闘には勝てない。

　私は金正恩総書記も偉大な指導者だと思う。金もないのに短期間に核弾頭を備えたICBMを開発し、今は最先端のマッハ5の超音速ミサイルを開発している。

　多分、開発部隊は失敗すると死刑にされる覚悟で必死に勉強し、計算し、設計し、製造し、試験しているのだと思う。成功したら金総書記は開発部隊を一人一人抱きしめて喜んでいるのだろう。北朝鮮は凄い技術を短期間に開発した。金や立派な道具や設備もないのに。別に金総書記自身を賞賛しているのではないが、開発のやり方に賛同している。

私にも経験がある。大企業に勤め、資金も大勢の優秀な技術スタッフも豊富にある中で20年掛かっても新製品を一つも商品化できなかった。一方、自分で起業した会社で20年間一人で3億円以上の仕事を成し遂げ、新規の試験装置を数十台開発し、製品として納品した。1基数千万円もする製品だ。一つでも失敗したら自分の会社は潰れる。必死で考え、勉強し、計算し、設計し、製作し、試験し、納品し、メンテをしてきた。そして多くのノウハウと人生の活力ある仲間を得た。

　中小企業の成功した創業者は皆、必死で仕事をしてきた苦労人でマルチ人間だ。今はこうした人は数少なくなり、2代目、3代目、サラリーマン社長が殆どだ。こうした人は金と優秀なスタッフがいないと新製品はできないと囁いているだけ。しかし、中には自ら行動し、律し、部下を指導し、日本の産業を維持・発展できる人もいるはずだ。私は期待したい。

5-11）東南海トラフ巨大地震はいつ起こるかをカオスで予測

　もし、東南海トラフ巨大地震が起これば、最悪の場合、死者は32万人を超え、経済被害も220兆円を超えると想定されている。正に日本経済は破綻する。当然、私の日本の経済動向にも反映する必要がある。以下、私はカオスでこれを予測する。

　東海、東南海、南海地震の3連動で起きたとされる宝永地震（1707年）に匹敵する巨大地震が、過去約6千年の間に

15回程度起きていたことを示す津波堆積物を高知県土佐市の池で確認したと、高知大の岡村真特任教授のチームが明らかにした。この実績のもとに、今後30年の間に70％の確立で東南海トラフ大地震が発生するという予測を立てたものと思われる。

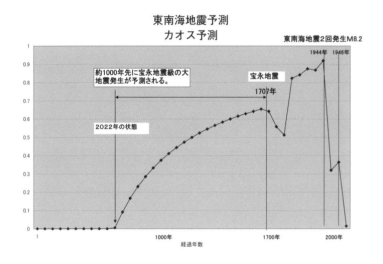

約２千年前の巨大地震による津波堆積物は、これまで同チームが徳島県阿南市や高知県須崎市、大分県佐伯市、三重県尾鷲市の池でも発見。岡村氏は「約２千年前の地震は宝永地震を超え、過去最大級だったとの研究結果を補強する」としている。

東南海トラフが同時に起こったのは宝永地震と2000年前

の地震であり、プレートが入り込む角度が小さく、プレートが跳ね返っただけでなく断層と重なったものであり、約1600 〜 1700 年の周期で繰り返されているようだ。なお、1854 年の安政東海地震はフィリピン海プレートの北東面で発生し、特に静岡県が被災したもので、東南海大地震とは異なると判断した。

　カオス予測でも 1944 年と 1946 年の M8.2 〜 8.4 の東南海地震も予測と合致している。しかし、これらの痕跡は蟹ヶ池では認められていない。津波の弱い地震であったようだ。

　カオスの予測では、宝永地震に匹敵する大地震と津波は約 1000 年先に起こると予測している。勿論、津波の弱い東南海地震は 100 〜 300 年の周期で起こることは否定しない。30 年内に 70％の確立で起こる地震は津波の弱いものであり、被害も小さいと想定される。日本経済への影響は大きくならないものと判断する。

　高知県の清水町は東南海トラフ大地震が来ると 6 秒で22m の高さの津波が来ると予測されている。町は全滅するだろう。高知県、和歌山県、三重県、愛知県の人達は怯えて暮らしている。私の予測では 1000 年先にしか大津波は来ない。希望は決して捨てないで欲しい。勿論、備えはすべきであり、津波後の復興計画もたてる必要はある。

6章　最後に

　日本人はSDGsという言葉やカーボンニュートラルや脱炭素化という言葉に踊らされてはいけない。真実を見極めて安定した経済の日本にするにはどうすべきかを自ら考え行動しなければならない。

　中国やロシアの脅しに屈してはいけない。戦争の無い平和な世界にするために日本人として何をやらなければならないかを考えるきっかけに本誌がなれば幸いです。

　また、カオス理論による事象の予測は世界でも類のない予測法ですが、興味ある方は本誌を参考にしてやってみてはいかがでしょうか？

　これまでの結論をまとめると以下の通りです。

・東南海トラフ大地震・津波は約1000年先に起こります。30年以内には起こりません。勿論、小中規模の地震や津波は100〜300年周期であります。

・東日本大震災は今から約100年後に起こります。約110年周期で起こります。

　なお、地震発生の周期の違いはプレートの入る角度の違いで生じるものと思われます。

　入る角度が小さいと長い周期に、そして、角度 θ が大きいと短い周期で陸のプレートが跳ね返ることになります。図の

通りです。

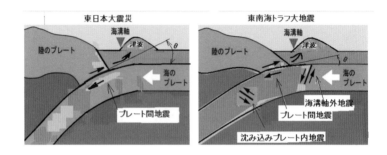

　このようなプレート型地震のケースでは、プレート間のすべりの振動特性から地震を正確に予知することができるようになるのではないか？　地震の前には振動が或る時間止まるか振動の形態が変化するのではないでしょうか？

・電気自動車EVは一定以上は普及しません。充電スタンド、充電時間、バッテリー火災、航続距離、バッテリー廃棄、中国EVの進出……多くの問題があるからです。

・ガソリン車、クリーンジーゼル、ハイブリッド車、PHEVは日本の大事な基幹産業です。これを守ることが日本の経済の安定になります。

・河川や海をきれいにし、海に溜まるプランクトンの死骸や枯れた海藻などの堆積物を減らし、メタンの発生を抑え、海水温度上昇を抑えることが、異常気象をなくし、急激な地球温暖化の防止になるのです。脱炭素の活動は全く無意味・無駄なことです。人間は酸素を吸ってCO_2を吐き出している

のです。脱炭素のために増加する人口を減らすのですか？

　逆に、必要なCO_2を発生させ、植物の光合成を促進させ、生命が生きていくために必要な酸素を地球上に確保することが大事なことです。CO_2は大気中に0.03〜0.04％しかなく、空気より重いのです。地べたに育つ植物や海藻には多くのCO_2が必要です。脱炭素でCO_2が減ると植物の生長が抑制されます。発生する酸素が少なくなってもいいのですか？

　農業のハウス栽培法でCO_2を１〜３％ハウス内に投入して２〜３割も作物の生長を促し、収量を上げている例をご存じですか。CO_2は悪者ではなく必要で大事なガスであることを知ってほしい。脱炭素より必要なのは省エネです。

・ピンポイントを狙える迎撃されない長距離ステルスミサイルだけでは実は最強とは言えない。核廃絶を促すもっと強力な武器がある。それは、ミサイルを発射した瞬間、１秒以内にミサイルの誘導機能・通信機能を破壊するレーザあるいは電磁波を人工衛星から照射するものである。方向を見失ったミサイルは自国内に着弾して自爆する。核弾頭は使えなくなるだろう。残念ながら、こうした武器の開発競争は終わりがない。最後には人類の破滅をもたらすことになる。

　人類の破滅を防ぐには無条件に国連を強くすることのみが、唯一の方法である。これが分かるのは戦争の悲惨さを分かっている日本、ウクライナ、フィンランド、ドイツ、ポーランド……です。アメリカ、中国、ロシア、イギリス、フランスなどの大国は分かっていないのです。だから日本はいち早く、

先のミサイルやレーザ・電磁波を開発しなければなりません。これを国連の武器にするのです。

　これができないのならば、全く異なるアプローチの仕方もある。日本が完全中立国を目指すことである。今の自衛隊は全員を国際救助隊員に組み込む。火山・地震・津波・台風・竜巻等の自然災害対応、戦争被害者・紛争被害者などの救出、飛行機・船舶・車両事故対応、機雷・地雷の除去作業、難民救済……などの救済・救助・医療・安全・保全・開拓支援・技術支援・ボランティア活動に従事し、活動費は防衛費（5兆円）の全てを当てる。誰からも感謝されないODAは止めるべきである。それよりは、現在もやられている青年海外協力隊や海外ボランティア活動などの現地に根ざした活動に多くの資金を投入し、現地の要望に即した援助を行い、そうした活動を国内外に発信すべきである。シニア協力隊があってもいい。

　幸いにも日本人は敗戦の惨めさ、原爆、空襲、津波、台風の恐ろしさ、原発事故の暗い長い日を経験し、そして、蓄積された技術（工業、農業、水産、医療……）を保有している。世界の人々から頼りにされ、そして尊敬される国家となるだろう。

　謙虚で誠実なサッカーのサポータのように、試合に負けても、粛々とゴミ拾いをして帰る。世界の人々が日本のサッカーチームを応援してくれる。これと同じだ。

　尖閣のような紛争の種になる島は国連に帰属させればいい。

沖縄や国内の米軍基地からは米軍は引き揚げてもらう。軍隊は持たない。別に日本国憲法を変える必要もない。

　多くの日本人はこうした活動に誇りを持つだろうし、日本が無くなると多くの国が困るだろう。日本を侵略すると世界中の非難を浴びるだろう。そして、こうした献身的な活動が結果的に自国を守り、国連を強くすることに繋がるのではないか？

　平和な世界になれば、貧困、食料、移民、差別……多くの問題は解決されます。

　これが日本の使命であり、日本人に合った日本の生き残る道なのかもしれない。

―以上―

百瀬　豊（ももせ ゆたか）

1944 年　満州国奉天生まれ
1966 年　大阪市立大学工学部機械科 卒業
同　　年　アイシン精機株式会社 入社
1997 年　同上　第二開発部 部長
2000 年　アイシン精機退社
同　　年　百瀬機械設計㈱設立 代表取締役社長
2020 年　百瀬機械設計㈱閉会
著書「スターリングエンジンの理論と設計」山海堂

日本が生き残るには

2023 年 4 月 12 日　第 1 刷発行

著　者　百瀬　豊
発行人　大杉　剛
発行所　株式会社 風詠社
　　　　〒 553-0001　大阪市福島区海老江 5-2-2
　　　　　　　　大拓ビル 5 - 7 階
　　　　℡ 06（6136）8657　https://fueisha.com/
発売元　株式会社 星雲社
　　　　　　　（共同出版社・流通責任出版社）
　　　　〒 112-0005　東京都文京区水道 1-3-30
　　　　℡ 03（3868）3275
装幀　2 DAY
印刷・製本　シナノ印刷株式会社
©Yutaka Momose 2023, Printed in Japan.
ISBN978-4-434-31974-7 C0095